LES
FOURBERIES DE NÉRINE

COMÉDIE

Représentée chez S. A. I. la princesse Mathilde

en présence de Leurs Majestés

le 27 février 1864

OUVRAGES DRAMATIQUES DU MÊME AUTEUR.

ODÉON.

Le Feuilleton d'Aristophane, comédie satirique.
Le Cousin du roi, comédie.

En collaboration avec M. Philoxène Boyer.

Diane au bois, comédie héroïque.
La Gloire de Molière, ode dialoguée.

VAUDEVILLE.

Le Beau Léandre, comédie.

COMÉDIE-FRANÇAISE.

Gringoire, Comédie.
La Pomme, Comédie.
La Muse héroïque, stances pour l'anniversaire de Corneille, récitées par Mlle Rachel.

Ode a Shakespeare, pour le troisième anniversaire séculaire de sa naissance, récitée par M. Delaunay.

OPÉRA.

Les Nations, opéra-ballet, musique d'Adolphe Adam.

GYMNASE.

Adieux a Ferville, stances récitées par M. Bressant.

FOLIES-NOUVELLES.

Les Folies-Nouvelles, prologue d'ouverture.

POISSY. — TYP. ET STÉR. DE A. BOURET.

LES

FOURBERIES

DE NÉRINE

COMÉDIE EN VERS

PAR

THÉODORE DE BANVILLE

DEUXIÈME ÉDITION

PARIS

MICHEL LÉVY FRÈRES, LIBRAIRES ÉDITEURS

RUE VIVIENNE, 2 BIS, ET BOULEVARD DES ITALIENS, 15

A LA LIBRAIRIE NOUVELLE

—

M DCCC LXVIII

A M. RÉGNIER

DE LA COMÉDIE-FRANÇAISE

QUI NOUS A AIDÉ DE SES EXCELLENTS CONSEILS
ET QUI A BIEN VOULU RÉGLER NOTRE PETITE MISE EN SCÈNE

CET ESSAI DE COMÉDIE EST DÉDIÉ

PAR SON TRÈS-SINCÈRE ET TRÈS-FIDÈLE ADMIRATEUR

TH. DE B.

LES

FOURBERIES DE NÉRINE

PERSONNAGES

SCAPIN*, grand premier rôle.   M. COQUELIN.

NÉRINE, dix-huit ans, jeune
    premier rôle.   Mme EMMA FLEURY.

La scène est à Naples, en 1671.

* Costume traditionnel, comme l'a gravé Riccoboni, et comme
M. Maurice Sand l'a dessiné et peint avec la fantaisie la plus scrupu-
leuse et la plus charmante dans ses *Masques et Bouffons,* publiés par
Michel Lévy. — Veste et culotte en poult de soie blanc, à brandebourgs
de velours bleu. Manteau en taffetas bleu de France grande largeur,
coupé en biais et doublé en étoffe pareille, avec brandebourgs blancs.
Ceinture de taffetas bleu. Toque blanche avec passe à revers en taffetas
bleu. Bas de soie blancs à coins bleus. Souliers de peau blanche à
rosettes bleues.

A CONSTANT COQUELIN

MON CHER AMI,

Un soir que je venais de voir représenter *Les Fourberies de Scapin* à la Comédie-Française, vous me peigniez ardemment votre enthousiasme pour la façon magistrale dont votre bon et illustre maître Régnier joue le principal rôle dans cette farce héroïque. Ce qu'il accomplit là avec tant de bonheur et tant de science, me disiez-vous, c'est, non pas une tâche difficile, mais une tâche impossible; car, dès qu'il s'agit de représenter SCAPIN, où le prendre? Ce n'est pas dans la Comédie-Italienne, dont Molière n'a fait qu'une bouchée; ce n'est pas même dans *la lettre* du chef-d'œuvre de Molière, et voici pourquoi. Tout en faisant de son Scapin un simple mauvais garçon échappé d'un bagne chimérique, dont les ruses enfantines feraient sourire Vautrin, le poëte a su nous suggérer l'idée d'un personnage épique et surhumain, qui devait de jour en jour grandir dans nos imaginations, atteindre à des proportions démesurées, et devenir pour nous, non plus un fourbe, mais le génie même de la libre Fantaisie, protestant contre l'avarice et l'imbécillité humaines. Protestant est le mot, car ses ruses ne servent de rien autre chose, et n'amènent pas même le dénoûment, que le grand Contemplateur a demandé, comme toujours, au hasard. Le temps s'est chargé de commenter *Les Fourberies,* et *la lettre* a beau parler, nous ne pouvons plus voir dans Scapin, dont le front touche aux étoiles, le misérable valet qui se déguise en loup-garou et qui se cache pour boire du vin dans une cave; car Molière n'a pas pu empêcher les figures pétries par ses mains de grandir jusqu'à atteindre à la taille même de ses pensées! Comment le comédien peut-il se mettre d'accord en même temps avec le rôle écrit et avec sa transfiguration idéale, qui est vivante dans tous les

esprits? C'est ce que le jeu inspiré de Régnier fait
comprendre bien plus clairement que toute théorie, et
cet inimitable comédien, qui se montre à la fois un
observateur si fidèle de la Réalité et un si religieux
interprète du maître, a en lui le sentiment inné des
plus hautes conceptions de la poésie.

Ainsi disiez-vous, mon ami ; cette conversation
n'avait pas été perdue pour moi, et j'eus l'audace
de me la rappeler le jour où vous veniez me demander de brocher à la hâte une scène à deux personnages, qui devait être représentée quarante-
huit heures plus tard devant un illustre auditoire.
Mais je n'eus garde de vous parler alors de mon
sujet et de vous avouer que j'allais essayer d'évoquer
pour un soir votre rêve, tremblant à l'idée que vous
jugeriez ma tentative par trop folle. Après tout,
me disais-je pour m'absoudre moi-même, il ne
s'agit là que de noircir une feuille volante avec
laquelle nous allumerons notre cigare au sortir
de la représentation ! Il en eût été ainsi assurément
sans la superbe couleur lyrique dont vous avez
embelli notre personnage, et qui vous appartient
bien en propre. Vos auditeurs ont été surpris et

charmés d'entendre Scapin se louer lui-même avec
la voix souveraine d'un jeune Achille ; le succès
a dérouté tous nos calculs, *Les Fourberies de Nérine...*
de Nérine, représentée par Mme Emma Fleury avec
tant d'esprit et de grâce mutine, ont fait le tour
des grands salons de Paris : cinq ou six directeurs de province réclament ce frivole intermède,
et nous voilà forcés de nous faire imprimer,
coûte que coûte. Je m'en lave les mains, c'est votre
faute, cher ami, et non la mienne ; pourquoi avez-
vous dépensé sur une saynète écrite à la diable,
plus de puissance scénique et de composition qu'il
n'en faut pour faire réussir un grand drame ? Si
ces quelques pages valaient qu'on demandât quelque chose, je supplierais les directeurs de faire
jouer nos deux personnages, non par un comique
et une soubrette, mais par les grands premiers
rôles, homme et femme. Car, où trouver un comique possédant comme vous une voix d'airain
ferme et sonore, faite pour exprimer toutes les
explosions et toutes les tendresses de la langue
poétique ? Mais, (s'il est permis de comparer un
ciron à un lion,) je me rappelle à temps que la

même recommandation, faite si expressément par
Beaumárchais à propos du plus grand des rôles,
n'a jamais été suivie. Je m'arrête; c'est trop longtemps parler d'une bluette ; je l'aurais déjà oubliée,
si elle ne vous avait fourni l'occasion de montrer
une face inconnue de votre admirable talent. C'est
le seul résultat dont puisse se réjouir en cette
affaire

Votre ami bien dévoué

THEODORE DE BANVILLE.

Paris, le 15 avril 1864.

LES
FOURBERIES DE NÉRINE

Le théâtre représente une place publique, éclatante de gaieté et de soleil. Scapin entre d'un air joyeux, en traînant un énorme sac gonflé jusqu'aux bords.

SCÈNE PREMIÈRE.

SCAPIN.

Ciel napolitain, fait d'azur et d'or vermeil,
Vois Scapin triomphant! Regarde-moi, soleil!
Baise ma chevelure, Aurore aux doigts de rose!
Je suis riche!

Montrant le sac qu'il tient.

J'ai là, dans ce sac, le Potose.

Il sort du sac des hardes précieuses, des joyaux, des sacoches d'or, qu'il remet dans le sac dès qu'il les a montrés.

Étoffes! diamants! sequins!

Après avoir tout remis dans le sac.

J'en ai beaucoup.

Il remonte la scène, regarde au fond avec une inquiétude rusée et revient.

Hé! Nul ne peut m'entendre ici?

Au public.

J'ai fait le coup.

Géronte est mort. Bien mort. Tandis que ses prunelles
S'ouvraient à la clarté des choses éternelles,

Gaiement.

Hélas!

Changeant de ton.

J'ai couru vers le coffre, et, sans fracas,
J'ai pillé les joyaux, les hardes, les ducats!
J'ai tout pris. C'est en vain que la Fortune triche;
A présent, je la tiens aux cheveux. Je suis riche!
Adieu Naples, je pars! Près de tes flots dormants
J'ai trop longtemps servi d'imbéciles amants;
A l'avenir, je veux intriguer pour moi-même.
Oui, c'est moi dont je sers les beaux amours! Je m'aime.
Vous mêlerez pour moi dans les riants manoirs,
Hyacinte au front d'or, Zerbinette aux yeux noirs,
Vos chansons aux sanglots de la vague indocile!
Et je vais te revoir, Éden, verte Sicile,
O terre des épis tremblants et des grands lys,
Où sourit cette mer, dont j'ai souvent, jadis,
Pareil à Cléopâtre, admiré les colères
Et les réveils charmants... du haut de mes galères!

Bondissant avec une excessive agilité vers un autre point de la scène.

Chut! On a fait du bruit là-bas, près du volet.

Revenant.

Non, ce n'est rien. Pourtant, si quelqu'un me volait!
Naples, ce pays plein de filous et de ruses,
A certains carrefours moins sûrs que les Abruzzes,

Et les honnêtes gens sont fort volés. Mais on
Ne m'y prend pas!

Montrant le sac.

Cachons cela dans la maison.

Comme assailli par une idée importune.

Nérine!... — Il serait fou que je la rencontrasse!
Pourtant, si la pauvrette avait suivi ma trace?
Baste! il est trop matin. Elle dort sur les deux
Oreilles.

Il entre dans une petite maison de vilaine apparence, après avoir
soigneusement regardé autour de lui. Nérine paraît, attentive,
inquiète, avec l'allure d'un chien de chasse qui flaire le gibier.

SCÈNE II.

NÉRINE.

Les archers, quand j'ai passé près d'eux,
Parlaient de vol commis, de nippes dérobées.
Ils avaient vu courir à grandes enjambées
Un larron, qui fuyait avec un sac aux dents.

Rêvant.

Avec un sac! — Je sens du Scapin là dedans.
Que fait mon traître? Il m'a quittée avec la joie
Et l'œil brillant d'un fourbe heureux qui tient sa proie.
Il regardait toujours la mer et l'horizon!
Je suis sûre qu'il songe à quelque trahison.
Qu'ai-je fait au destin, — moi douce comme un cygne!
Pour aimer ce hardi menteur, ce fourbe insigne?
Certe il est plus léger que le vent, plus trompeur
Que ces beaux feux follets dont les enfants ont peur,

Et que l'Adriatique où le couchant se dore!
C'est un prodigue, un monstre, un fou, mais je l'adore.

Avec admiration.

Qu'il est rusé! J'ai beau faire, mon cœur en tient
Pour ce héros.

Elle veut aller à la recherche de Scapin.

Allons.

Apercevant Scapin qui sort de la maison.

Mais le voici qui vient.
C'est le moment d'ouvrir les yeux et la narine!
Il parle. Que dit-il? Attention, Nérine.

Elle se retire à l'écart au fond du théâtre. En même temps Scapin
s'élance sur le devant de la scène, portant vide le sac qu'on a vu
plein à la scène précédente.

SCÈNE III.

SCAPIN, NÉRINE, d'abord cachée.

SCAPIN.

Tout va des mieux. La mer est douce comme un lac
Et m'appelle. Faisons disparaître le sac,
Mon complice, et je suis aussi blanc que la neige.

NÉRINE, cachée.

Nous verrons bien.

SCAPIN, appuyant.

Un lys, une colombe.

Cherchant, avec une profonde indifférence.

N'ai-je

Rien oublié?

NÉRINE, cachée.

Si fait.

SCAPIN.

Tout succède à mes vœux.
Je pars, je sens déjà passer dans mes cheveux
Le souffle frais et pur de la brise marine!

Avec le même accent que la première fois.

N'ai-je rien oublié?

Comme un homme qui se rappelle tout à coup une chose profondément
oubliée.

Si! d'épouser Nérine.

NÉRINE, cachée.

C'est heureux.

SCAPIN, avec un détachement plein de fatuité.

Bah!

Avec bonhomie.

Pourquoi se marier?

NÉRINE, cachée.

Pendard!

SCAPIN.

Dans les yeux de Nérine Amour cache son dard.
Ses cheveux d'or, couleur de flamme et de comète,
Sont doux comme le miel blondissant de l'Hymette!

NÉRINE, cachée.

Oui!

SCAPIN, avec fatuité.

Mais d'autres désirs occupent mon cerveau.

NÉRINE, cachée, avec colère.

Ah!

SCAPIN.

Chaque jour au gré d'un caprice nouveau,
Ailé comme l'espoir et charmant comme un rêve,
Sur le pommier fatal renaît la pomme d'Ève :
Or, je veux la croquer jusqu'au dernier pepin !
Nérine n'aura rien, tant pis.

NÉRINE, se montrant tout à coup et abordant Scapin.

Bonjour, Scapin.

SCAPIN, feignant le plus grand étonnement.

Eh! c'est Nérine! Par quel bon vent amenée?

Très-froidement.

Cher astre.

NÉRINE, avec effusion.

Tout est prêt.

SCAPIN.

Quoi?

NÉRINE.

Pour notre hyménée.

SCAPIN.

Fort bien. Je...

NÉRINE.

Mes parents ont été prévenus,
Et le notaire avec les témoins sont venus.

SCAPIN.

Je...

NÉRINE.

Ma robe de noce est prête. Une merveille!

SCAPIN.

Tant mieux. Je...

NÉRINE.

Son tissu lamé la rend pareille
Au diamant. On croit voir, limpide et changeant,
Un ciel de neige avec des étoiles d'argent!
Être belle n'est rien, mais il faut qu'on le sache.
Tu verras mon collier fait de perles sans tache!
Quel bonheur de courir, par un jour embaumé,
Vers l'autel, appuyée au bras du bien-aimé,
Quand, mettant à néant l'ennui, les maux sans nombre
Dans notre cœur, ainsi qu'en un bocage sombre,
Le rossignol Amour fredonne sa chanson!
Quand irons-nous?

SCAPIN.

Jamais. Je veux rester garçon.

NÉRINE, feignant de pleurer.

Ah! ah!

SCAPIN, la calmant.

Nérine!

NÉRINE.

Ah! ah!

SCAPIN.

Nérine!

NÉRINE.

Ah! ah!

SCAPIN.

Nérine?

NÉRINE.

Ah! ah!

SCAPIN.

J'aimai toujours ta bouche purpurine!
Mais...

NÉRINE.

Ah! ah!

SCAPIN.

Parle-nous!

NÉRINE.

Ah!

SCAPIN.

Nérine!

NÉRINE, avec volubilité.

Va-t'en,
Satrape! Lestrigon! crocodile! Satan!
Voleur d'âmes! flatteur à langue vipérine!
Pendard! méchant! vaurien! fourbe! effronté!

SCAPIN.

Nérine!

Amicalement.

Je ne veux pas, avant l'heure de mon trépas,
Me marier.

NÉRINE.

Pourquoi ne le voudrais-tu pas,
Cruel, cœur de rocher, plus dur qu'un ours de Thrace!

SCAPIN.

Pour imiter mon père et tous ceux de ma race
Qui ne se sont jamais mariés.

NÉRINE.

Il fallait
Me dire tout cela, méchant, quand ruisselait
Sur nos têtes ce doux soleil du mois des roses,
Lorsqu'au fond de ces vieux jardins aux portes closes,
Dont le soir caressait la belle floraison,
A l'ombre des jasmins, tu me...

SCAPIN, très-froidement.

Parlons raison.
Je suis Scapin. Je suis cet intrigant illustre.
Chaque jour à ma gloire ajoute un nouveau lustre.
Que d'exploits! Des tuteurs raillés, des jeunes gens
Aimés, grâce à mes soins toujours... intelligents!
Belles inventions! superbes stratagèmes
Sur lesquels l'avenir écrira des poëmes!
Ruses! déguisements! des Turcs tombant des cieux
Pour arracher l'argent aux avaricieux!
Les sacs passant des mains des pères dans les miennes,
Pour servir de rançon à des Égyptiennes!
Dans quelle vie heureuse et bizarre voit-on
Plus de sequins, d'amour et de coups de bâton?
Qui donc, dupant Géronte, a rendu populaire
Son : « Que diable allait-il faire à cette galère? »
Qui l'a mis dans un sac, et dans cet appareil
A battu le vieillard poudreux au grand soleil!
J'ai vaincu, dans ces lieux où mon audace brille,

Trivelin, Scaramouche et le grand Mascarille
Et les destins; j'ai mis la gloire avant le pain,
Et quand on veut nommer la fourbe, on dit : Scapin!
Et tu voudrais, Nérine, en ton désir pendable,
Avec le grand valet illustre et formidable,
Tour à tour envié, béni, craint et flétri,
Faire cet animal qu'on appelle un mari !

NÉRINE.

Quand vous m'aimiez jadis, vous parliez d'autre sorte!

SCAPIN.

Voilà mon sein !

Il ouvre son couteau.

Veux-tu, dis, que ma vie en sorte?

Il ferme son couteau et le remet dans sa poche. — Avec indignation.

Mais Scapin marié! Que diraient mes aïeux,
Mon passé, mon histoire, et ces bandits joyeux
Qui chantent mes hauts faits en pinçant leur guitare!
O prodige inouï! Monstruosité rare!
Coup d'œil inattendu! Non, plutôt que de voir
Cette métamorphose horrible à concevoir
Du lion subissant une injure dernière,
On verrait le Vésuve à l'ardente crinière
Changer, sur les sommets où son panache luit,
Son aigrette de flamme en un bonnet de nuit,
Et, quittant les forêts qui lui servent d'asile,
L'ours de Norvége errer dans les monts de Sicile !
Chez nous grandit le myrte et non pas le sapin,
Et Scapin marié ne serait plus Scapin !
Malgré les accidents, les revers, les désastres,
Je reste moi. Voilà comme on va jusqu'aux astres !

NÉRINE, à part.

Ah! tu fais le Cyrus! Mais pour te châtier,
Je m'en vais te servir un plat de mon métier.

SCAPIN, avec une pitié outrageante.

Encor, si vous étiez de ces filles d'intrigue,
Amantes du péril que leur grande âme brigue!
Une Frosine allant jusques chez Harpagon
Voler la toison d'or sous les yeux du dragon!
Je céderais! — Mais, quoi! tu n'as pas de génie.
Naïve comme Agnès et comme Iphigénie,
Tu n'es qu'un pauvre agneau fait pour la dent des loups.
De quel pas suivrais-tu le prince des filous
Qui s'en va triomphant vers la race future?
Je t'explique cela. Tu comprends? La nature
N'unit pas au lion l'antilope aux yeux bleus;
Elle met les grands pics sur les monts sourcilleux,
Et, comme la tempête à l'ouragan se mêle,
Pour assortir Scapin veut un Scapin femelle!

NÉRINE.

Mais...

SCAPIN.

La foudre ne peut épouser que l'éclair.
Grandis. Sois gigantesque et tu m'auras. C'est clair.

NÉRINE, à part.

Tu m'auras!

A Scapin, avec une humilité pompeuse.

O mon roi!

Changeant de ton.

Tu t'en fais bien accroire

Pour quelques méchants tours fort dépourvus de gloire!
Quoi, duper des barbons chancelants, et taillés
Sur un patron si vieux qu'on les croit empaillés;
Éteindre la chandelle et cacher ton front hâve
Pour boire en frissonnant du vin dans une cave;
Te barbouiller de fange et de sang, comme si
Des spadassins t'avaient assommé, tout ceci
Pour voler une montre à quelque Égyptienne;
Descendre à copier cette aventure ancienne
De travestissement, faire le loup-garou
Pour bâtonner ton maître, aussi poltron que fou;
Puis, lorsque, dissipant ta grandeur usurpée,
Frémit devant ton front le vent froid d'une épée,
Te jeter à genoux et demander pardon,
Et bientôt de César devenir Laridon,
Voilà de beaux états de service! J'admire
Que tu ne chantes pas ces hauts faits sur la lyre,
Et que, pour embellir ton front d'aventurier,
Tu n'ais pas aux jambons dérobé leur laurier!
O grands événements, bien dignes de la race!
Beaux exploits de valet qu'on bâtonne et qu'on chasse!
Va, parle du Vésuve avec plus de douceur,
Pauvre lièvre, fuyant au souffle du chasseur!
Tes divertissements, dont tu nous fais parade,
Sont bons à figurer dans une mascarade;
Tes ruses n'ont servi de rien, tu t'es vanté,
Tu n'imagines rien, tu n'as rien inventé,
Et, s'il faut parler franc, je crois que ton mensonge
Confond la vérité palpable avec le songe,
Et que, mêlant ton rêve aux récits d'almanach,
Tu n'as même pas mis Géronte dans le sac!

SCAPIN, abasourdi.

Quoi !

NÉRINE, montrant Scapin. Avec dédain.

Pleurer pour ce drôle ! A présent j'en ai honte.

Allant à Scapin, et lui prenant le menton.

Pleurer... ceci !

SCAPIN, au comble de l'ébahissement.

Comment ! Je n'ai pas mis Géronte
Dans le sac !

NÉRINE.

Non.

SCAPIN.

Je n'ai...

NÉRINE.

Va dire à tes amis
Ces contes à dormir debout.

SCAPIN.

Je n'ai pas mis
Géronte dans le sac !

NÉRINE.

Non.

SCAPIN, exaspéré.

Alors, nie Homère,
Achille, Troie en deuil !

NÉRINE.

Ce sac n'est que chimère.
Tu fus toujours menteur de la nuque aux talons.

SCAPIN.

Moi! moi! Je ne l'ai pas mis dans le sac!

NÉRINE.

           Parlons
Raison. Quoi! le vieux, pris à ta ruse grossière,
Se serait allé mettre en cette souricière!

SCAPIN.

Oui.

NÉRINE.

    Parce qu'à l'appui d'un péril imminent
Tu lui fais voir Sylvestre en carême-prenant,
(Je veux bien qu'il n'ait pas la bravoure d'Hercule,)
Il se serait fourré dans ce sac ridicule!

SCAPIN.

Parfaitement.

NÉRINE.

    Ce sont récits de vieux garçons,
Contes en l'air.

SCAPIN.

    Je l'ai mis dans le sac!

NÉRINE.

           Chansons.
Qu'auraient dit de ce sac qui bouge et qui frissonne
Les passants?

SCAPIN.

    Je...

NÉRINE.

    Réponds.

SCAPIN.

Il ne passait personne.
Je t'ai dit mille fois le fait de point en point.

NÉRINE.

Quelque sotte !

SCAPIN.

Mais si...

NÉRINE.

Je ne te croirai point.
Tu nous prends pour une autre et tu me vois bâtée.
Je sais le train du monde.

SCAPIN.

O femelle entêtée !

Prenant le sac qu'il a apporté au commencement de la scène.

Le sac est celui-ci. (Fût-il plein de sequins !)
Je dis au vieux Géronte effrayé : « Ces coquins
« Vous cherchent. Ce sont gens d'une farouche mine,
« Qui s'en vont criant, l'un : Tue ! et l'autre : Extermine !
« Et qui toute l'année ont le poignard aux dents.
« Ils viennent. Cachez-vous au plus tôt là dedans. »
Je lui montrais le sac.

NÉRINE.

Et lui, Géronte ?...

SCAPIN.

                                        Comme
Je l'y poussais toujours, il s'y mit.

NÉRINE.

                              Le pauvre homme !

SCAPIN.

Moi, je l'encourageais du geste et de la voix.

NÉRINE, regardant le sac avec expression d'incrédulité.

Et, là dedans, son corps tenait ?

SCAPIN, se mettant dans le sac.

Comme tu vois.

Facilement. Sans nul embarras.

NÉRINE, affectant la niaiserie.

Mais sa tête

Passait comme la tienne !

SCAPIN, avec une pitié complaisante.

Allons ! tu fais la bête.

Cachant et découvrant sa tête tour à tour.

Il ramenait ainsi les bords du sac, et rien
Ne passait. Est-ce clair ? Me comprends-tu ?

NÉRINE, serrant vigoureusement la coulisse du sac, et la fermant
par un nœud solide.

Fort bien.

Criant, pour être entendue de Scapin.

Lorsque l'on met les gens dans un sac, la malice
Est de songer d'abord à serrer la coulisse.

Elle prend un bâton et bat Scapin.

Tiens, beau ténébreux ! Tiens, vendeur d'orviétan !
Tiens, phénomène ! Tiens, héros ! Tiens, capitan !

SCAPIN, criant dans le sac.

Nérine !

NÉRINE, le battant.

Tiens, lion !

SCAPIN, *criant*

Nérine, ma délice !

Mon amour !

NÉRINE, *criant et battant Scapin.*

Il fallait songer à la coulisse.

*Imitant d'une manière enfantine les rodomontades de Scapin et de Sylvestre,
et, pendant tout ce temps-là, battant Scapin.*

Où donc est ce Géronte ? Allons ! marchons en rang.
Donnons. Ferme. Poussons. Ah ! tête ! Ah ! ventre ! Ah ! sang !
Point de quartier. Comment, vous reculez ! Eh ! l'homme !
Pied ferme. Ah ! coquins ! Ah ! canaille ! Tue ! Assomme !

*Scapin éventre le sac avec un couteau, et sort, haletant, effaré,
ne sachant s'il doit se fâcher ou pardonner.*

SCAPIN, *sortant du sac.*

Bien joué.

NÉRINE, *faisant la révérence, avec une modestie ironique.*

Monseigneur me comble.

SCAPIN.

Non, le tour

Est bon, ma foi.

NÉRINE, *saluant.*

J'ai fait bien peu.

SCAPIN, *furieux.*

Juste retour

Des choses d'ici-bas !

NÉRINE.

Oh ! mon maître professe,

Et moi, j'apprends.

SCAPIN, se tâtant les reins.

Le tour est bon, je le confesse.
Ahi! ahi! Je suis roué. Je suis moulu.

NÉRINE, souriant.

Ce n'était que semblant, que jeu!

SCAPIN, à part.

                        Tu l'as voulu,
Scapin.

Haut, et jouant avec le couteau qui lui a servi à éventrer le sac.

Ce couteau-là me vient de toi, Nérine.
Grâce à lui, j'ai rompu la toile où ma poitrine
Étouffait, et j'ai...

NÉRINE, les bras ouverts.

Viens, Scapin, mon cher époux.

SCAPIN.

Qui, moi? Jamais!

NÉRINE.

Monsieur, pardonnez-moi les coups
De bâton que...

SCAPIN.

C'est bon. Je connais cette histoire.
Si Nérine me hait jusqu'à ternir ma gloire,
C'est au mieux. Chacun sait que d'autres yeux chez nous
Réservent à ma flamme un traitement plus doux.

NÉRINE, inquiète.

Quoi! Zaïde...

SCAPIN, avec fatuité.

Elle meurt pour moi. Son dernier souffle
Est prêt à s'exhaler tout à l'heure.

NÉRINE, à part.

Ah! maroufle!
C'est cela que tu veux.

A Scapin, d'un air tragique.

Eh bien! ô mon vainqueur,
Puisque la pitié même a péri dans ton cœur,
Puisqu'il bat désormais

Reprenant le ton naturel.

pour une péronnelle,

Reprenant le ton tragique.

Je pars, je vais te fuir dans la nuit éternelle,
Et chercher du trépas le secours odieux.

Elle arrache des mains de Scapin le couteau avec lequel il n'a cessé
de jouer, feint de se frapper, et jette le couteau.

Scapin, je meurs.

Elle se laisse tomber. — D'une voix mourante.

Vivez, digne race des dieux.

Elle feint d'être morte.

SCAPIN, s'agenouillant près de Nérine

Nérine!... A-t-elle fait tout de bon la folie
De...

Il l'embrasse.

Nérine, mon cœur!

Manifestant son incrédulité par des bouffonneries tragiques.

Oui, sa face pâlie...

Il l'embrasse encore.

Nérine, ma déesse !

Avec un regret comique.

Elle avait tant d'esprit !
Sur son front, où le lys jaloux naît et fleurit,
S'augmente par degrés la blancheur léthargique.

Avec emphase.

Ah ! plût au Ciel qu'instruit au grimoire magique,
Je pusse ranimer par des philtres secrets
L'incarnat de sa joue, et je l'épouserais...

NÉRINE, rouvrant les yeux et se soulevant à demi. Avec joie.

Ah !

SCAPIN, regrettant de s'être trop avancé.

Pour un temps.

NÉRINE, retombant lourdement.

Je meurs.

SCAPIN.

Non, pour toujours.

NÉRINE, se relevant avec gaieté et se jetant dans les bras
de Scapin.

Embrasse
Ta Nérine, mon prince, et quittons la grimace.

SCAPIN.

Mon astre !

NÉRINE.

Mon trésor !

SCAPIN.

Mon espoir !

SCÈNE III.

NÉRINE.

Mon tourment !

SCAPIN, avec noblesse.

Lève les yeux avec orgueil, car le moment
Est arrivé pour toi de marcher dans ton rêve,
Et d'être ma femme !

NÉRINE, amoureusement.

Oui, ta femme --- et ton élève !

Au public.

Mesdames et messieurs, vous avez tout pouvoir
A présent. Pardonnez au poëte d'avoir
Mendié, d'une main peut-être familière,
Pour son festin d'un soir les miettes de Molière.
Pardonnez-lui de s'être un moment enivré
D'un peu de vin resté dans le verre sacré !

SCAPIN, au public.

Certes, ce jeu d'enfant vaut que l'on en sourie ;
Mais qui donc se pourrait offenser, je vous prie,
Qu'à l'abri de l'orage et du vent meurtrier
Cette fleurette naisse, au pied du grand laurier
Dont Thalie en pleurant cherche l'ombre divine ?

NÉRINE, au public, avec câlinerie.

Messieurs, un bravo... pour Scapin !

SCAPIN.

Deux. Pour Nérine !

FIN.

9 782329 468143